AF242624

RÉPONSE

DES DÉPORTÉS DE LA MARTINIQUE

AU DISCOURS PRONONCÉ PAR SON EXC. LE MINISTRE
DE LA MARINE ET DES COLONIES,

Dans la séance de la Chambre des Députés, du samedi
17 juillet 1824.

Paris, 23 juillet 1824.

Monseigneur,

En prenant la parole dans la séance du 17 juillet,
sur la déplorable affaire portée devant S. M. et son
conseil des ministres, V. Exc. n'a sans doute pas eu
l'intention d'entreprendre à la tribune, la discussion
d'une affaire judiciaire aussi grave, et dans des cir-
constances aussi pénibles.

Il serait trop facile de triompher ainsi des malheureux, qui ne sont pas là pour rectifier les faits erronés
échappés dans la chaleur de l'improvisation et pour
rétablir les principes qui seraient méconnus ou alté-
rés, faute d'examen suffisant.

V. Exc. n'a parlé que pour combattre l'orateur qui
contestait l'allocation du crédit demandé pour la dé-
pense des colonies, et c'est parce que la Chambre a
jugé que vous aviez, Monseigneur, suffisamment répondu sur ce point, qu'elle a fermé aussitôt, ou plutôt
qu'elle n'a pas voulu laisser entamer la discussion sur
un autre point étranger à ses attributions, qu'elle a
prononcé la clôture.

Assurément les honorables membres composant la Chambre des députés des départemens, qui sont pour la plupart magistrats (1) , qui tous du moins connaissent les règles de la justice, savent trop bien quelles sont les garanties dues aux accusés, et le respect que l'on doit au malheur suppliant, pour avoir voulu fermer la bouche à leurs défenseurs, et pour les avoir condamnés à un silence éternel, alors que rien n'a encore été statué sur leurs demandes, et qu'ils attendent toujours une décision de la justice du gouvernement.

Nous en avons pour garant, l'observation très-juste qui a été faite dans cette même discussion par un de ses membres, c'est que, les faits cités par un autre membre fussent-ils vrais, il fallait suspendre son jugement, parce que la Chambre n'avait pas entendu encore la justification, et parce que l'impression du discours de ce membre pourrait donner un préjugé défavorable.

Oui, Monseigneur, il n'est que trop vrai ; des questions judiciaires ne peuvent pas être traitées à la tribune, surtout quand il s'agit de l'honneur et de la liberté des citoyens ; et pourquoi ? c'est que le débat ne peut être contradictoire ; c'est que l'accusé n'est pas entendu ; et que, sans la défense la plus libre et la plus complète, les accusations criminelles seraient le plus grand fléau de la société.

A Dieu ne plaise que nous accusions les intentions de V. Exc. : elles ont été pures ; mais nous déplorons le résultat ; les erreurs dans lesquelles elle s'est trouvée entraînée, bien malgré elle, en parlant sur un sujet dont il ne lui avait pas été rendu un compte fidèle, sont telles, que l'opinion publique se trouve divisée ; tandis que, si l'on connaissait toute la vérité, si les principes de la matière étaient mis à la portée de tous,

---

(1) Dans les tribunaux, l'accusé ou son défenseur a toujours la parole le dernier. On ne peut prononcer la clôture que quand il a déclaré qu'il n'avait plus rien à dire.

il y aurait unanimité d'opinions sur l'illégalité de la déportation, et sur l'innocence entière des malheureux qui ont placé toute leur confiance dans la justice du Roi et de son Gouvernement.

Oui, nous en avons la certitude, si V. Exc. connaissait comme nous-mêmes tout ce qui s'est passé, elle témoignerait sa juste indignation contre les auteurs de la persécution dirigée contre ceux dont nous avons entrepris la défense.

Nous en avons pour garant, ces paroles mémorables échappées du cœur de V. Exc., à la seule idée que le fils aurait été déporté pour son père, et le frère pour son frère.

Vous avez nié ces horreurs, et la Chambre entière a paru se soulever lorsqu'elle en a entendu le récit.

Eh bien ! elles ne sont que trop vraies; la vérité même passe toute croyance.

Il est incontestable que M. Germain-Saint-Aude, fils, qui figure parmi les trente-cinq déportés dirigés vers le Sénégal, a été arrêté, arraché à sa famille et à ses foyers, pour être embarqué sur un bâtiment du Roi, le jour même où on lui apprenait que son malheureux père, vieillard plus que sexagénaire, compris dans la première déportation du 23 décembre, s'était précipité la nuit dans les flots.

Ce n'est pas tout : M. *Rose-Ambroise*, propriétaire à la Basse-Pointe, était à peine déporté, que son fils aîné l'a remplacé dans les prisons.

M. Jacques *Cadet*, riche propriétaire, apprenant qu'il allait partir, fait appeler son jeune fils; pendant ce temps, l'atelier est envahi; le fils rend plainte devant le procureur du Roi; pour toute réponse il est arrêté lui-même.

M. *Procope* père a été déporté pour les colonies étrangères avec ses trois fils.

On a douté si le frère avait été arrêté pour le frère; cela n'est encore que trop vrai ! M. *Sidney Descasse*, instruit que des ordres avaient été donnés pour l'arrêter, s'était mis à couvert; son frère, négociant à Saint-Pierre, M. Montrose Descasse, a été déporté pour l'étranger.

Mais, dira-t-on, ils ont été arrêtés pour leurs propres fautes et non pour celles de leurs parens; sans doute on a pu alléguer ce prétexte; mais la vérité est qu'ils n'ont été privés de la liberté qu'après coup; leur seul crime était d'avoir fait entendre des plaintes légitimes sur l'injustice qui frappait leurs parens.

D'ailleurs, qu'y a-t-il d'incroyable dans ces faits? N'a-t-on pas déporté des personnes du sexe, sous prétexte de conspiration ou de liaison avec les conspirateurs?

N'a-t-on pas maltraité les sœurs, les épouses, les mères, les enfans des malheureux qu'on arrêtait? Connaissons-nous d'ailleurs toutes les infamies qui ont accompagné une proscription qui, selon l'état nominatif joint aux pièces, s'élevait déjà à deux cent vingt personnes à la date du 15 mars?

V. Exc. n'a pas été informée de ces faits; nous le concevons; les proscripteurs avaient intérêt à les dissimuler; mais ils n'en sont pas moins vrais; et ils resteront tels, jusqu'à ce que leur fausseté ait été démontrée par une enquête.

V. Exc. a dû s'apercevoir elle-même que l'on n'avait pas tout dit pour éclairer sa religion; ne lui a-t-on pas dissimulé cette lettre menaçante des colons blancs, qui explique si bien la véritable cause de la catastrophe de la Martinique?

V. Exc. a raison de mépriser le sentiment de rébellion qui a dicté cette lettre; mais tout doit être pesé dans la balance de la justice, et il était du devoir de M. le gouverneur de ne pas laisser ignorer un document aussi important aux ministres du roi.

Quand on accuse et quand on condamne, il faut faire connaître toutes les pièces à charge et à décharge.

On a dit aussi à V. Exc. que des témoins avaient

été entendus, que les prévenus avaient été interrogés, et qu'enfin certaines formes de justice avaient été observées; et bien, Monseigneur, tout cela est encore faux ; si des témoins avaient été entendus, les accusés en auraient eu connaissance, ils auraient dû être confrontés; car qu'est-ce qu'un témoignage non contredit ?

Si les prévenus ont été interrogés, que l'on produise leurs interrogatoires ; mais on ne les produira pas; car nous pouvons affirmer que, parmi les quarante-trois personnes déportées pour la France, Hyppolite Zenne, Jacques Cadet, et Charlery Desgrottes ont été les seuls qui aient été interrogés; et comment l'ont-ils été? les deux premiers dans la prison même (comme si c'était un lieu propre aux opérations de la justice), par le procureur du roi, qui n'était pas assisté de son greffier. La décision de la déportation était prise dès avant son interrogatoire, puisque le procureur du roi l'annonça même avant d'avoir terminé sa mission. Charlery Desgrottes fut interrogé au parquet de la Cour, par le procureur-général (M. *Richard de Lucy*) ; mais un procureur-général n'est pas un juge ; et il n'y avait pas de greffier assermenté pour tenir note des demandes et des réponses.

Voilà cependant, Monseigneur, comme on trompe votre religion et celle du roi; voilà comme on se joue, dans les colonies, de l'honneur et de la liberté des citoyens !

C'en est assez sur les faits. S'il y avait inexactitude elle ne pourrait être rectifiée que dans un débat contradictoire ; combien, dans les affaires judiciaires, de faits de cette nature, recueillis dans l'instruction écrite, qui ne supportent pas le grand jour de la discussion, et que l'accusation est obligée d'abandonner! Ce fameux complot dont on a effrayé V. E. et qu'on a mis en avant pour être déclaré le sauveur de la colonie, quand on en est en effet (avec intention ou non, peu importe) volontairement l'oppresseur, s'évanouirait comme la fumée, s'il était soumis à un débat public et oral; c'est une pure chimère.

Maintenant arrivons aux principes et à leur application. Supposé qu'il y ait eu des coupables, et que le bien de la colonie voulût qu'ils fussent punis, les lois coloniales avaient tracé la marche; il y a des tribunaux dans la colonie; ces tribunaux ont connu de l'accusation portée contre Bissette, Fabien et Volny; ceux-ci du moins, si l'on a violé les formes et les lois, ont un moyen sûr d'en obtenir réparation; la Cour de cassation fera droit à leurs griefs. Ceux-là sont jugés, et à leur égard, le ministère n'a d'autres devoirs à remplir que de transmettre les pièces qui lui sont remises à titre de dépôt, pour arriver plus sûrement à leur destination.

Mais quant aux déportés qui, quoi qu'on ait pu dire à V. E., ont touché le sol français, qui ont communiqué avec la mère-patrie, qui ont saisi, de leurs justes réclamations, les autorités locales et supérieures, à Brest et à Rochefort, dont plusieurs d'ailleurs ont débarqué; que leur répondra-t-on? Pourra-t-on dire qu'ils ont été *jugés?* Pourra-t-on leur donner légalement la qualité de *condamnés ?*

Ces épithètes flétrissantes leur ont été données; loin de nous la pensée d'accuser la pureté des intentions; S. M. qui ne pourrait pas enlever au plus humble de ses sujets la moindre parcelle de sa propriété, aurait-elle délégué à d'autres le pouvoir de disposer arbitrairement de la liberté, qui est la première et la plus précieuse des propriétés? on n'a pas informé V. E. de la différence immense qu'il y avait entre un tribunal légalement institué et le conseil de gouvernement qui a pris sur leur sort des décisions que l'on a toujours cachées.

La justice et l'administration sont deux choses depuis long-temps séparées, même aux colonies; on pourrait en rapporter mille preuves; nous les avons données ailleurs ; il suffit d'indiquer les édits de création des conseils supérieurs. Toutes les lois coloniales défendent aux gouverneurs de s'immiscer dans l'administration de la justice.

Qu'est-ce que le conseil de gouvernement de la Martinique? Est-ce une cour de justice régulière, une cour prévôtale, une cour spéciale, un conseil de guerre ou une commission militaire? Ce n'est rien de tout cela; car jamais roi de France n'a accordé à un seul homme le droit de prononcer des *condamnations* sur la vie et l'honneur.

Je dis à un seul homme, car le réglement qu'on invoque donnerait au gouverneur le droit de prononcer seul la déportation ou le bannissement, contre l'avis des autres membres du conseil de gouvernement.

Même dans les commissions militaires, le sujet de l'accusation est connu, l'accusé est appelé, les témoins lui sont confrontés, il a un défenseur, il est entendu dans tous ses moyens, on va aux opinions, la conscience des juges est chargée de la responsabilité du jugement quel qu'il soit.

Ici qu'y a-t-il de pareil? Il n'est pas même certain que le commandant militaire, le procureur-général et l'ordonnateur aient été appelés, qu'ils aient délibéré et qu'ils n'aient pas émis une opinion contraire à la déportation.

Quand même ils auraient été unanimes, comme ils n'ont pas reçu du roi le caractère de *juges*, leur décision n'est pas un jugement, mais une mesure de haute police? elle n'emporte pas la mort civile, ni aucune flétrissure; c'est si peu un jugement criminel, que si quelqu'un s'avisait de donner aux individus frappés par cette mesure, des qualifications flétrissantes, celui-là serait justement puni par les tribunaux comme *diffamateurs*.

Supposons que la liberté individuelle soit habituellement suspendue à la Martinique, quoiqu'il soit impossible de rapporter aucune LOI qui l'ait ainsi mise hors du droit commun, et que le réglement de 1817 ne soit applicable qu'aux pays où ces LOIS existent. Supposons, disons-nous, que M. le général Donzelot ait cru pouvoir prononcer par voie extrajudiciaire, du moins est-il incontestable que le réglement de 1817 ne lui donnait pas le droit de déporter au Sénégal ou ailleurs, mais seulement d'expulser de la colonie.

Là s'arrêtait son pouvoir : du moment donc que les déportés sont sortis de la juridiction extraordinaire de cette île, ils étaient libres de se transporter partout où bon leur semblait.

Ils l'étaient bien plus encore en touchant le sol français, qui est une terre de liberté, même pour les esclaves.

Si à Brest, on ne les a pas rendus à la liberté, c'est une erreur ; les mesures extrajudiciaires sont heureusement assez rares en France, pour qu'on leur pardonne d'avoir hésité. V. Exc. elle-même serait bien excusable d'avoir cru d'abord qu'elle ne pouvait les considérer comme entièrement libres.

Mais aujourd'hui qu'il est prouvé qu'ils ne sont point *condamnés*, que l'ordre de M. le général *Donzelot* n'a pas pu excéder sa juridiction, qu'il a reçu tout son effet ; qui pourrait prononcer de même ? Ce serait une seconde déportation ; où est la loi qui l'autorise ?

Si V. Exc. avait encore des doutes, qu'elle daigne consulter les jurisconsultes les plus dévoués à la légitimité, et réunir une commission de magistrats ; nous en sommes certains d'avance : tous s'accorderont à penser que les décisions du gouvernement de la Martinique n'ont point le caractère d'une *condamnation*, et qu'elles ont cessé de peser sur les supplians dès leur sortie de la colonie.

S'ils invoquent la justice de la métropole, ce n'est pas qu'ils ne doivent se considérer comme libres en

France, c'est pour avoir le droit de rentrer dans leurs foyers, et de reprendre la direction de leurs affaires.

C'est pour que le gouvernement prononce sur le droit de retour; si on ne faisait pas justice, les supplians seraient obligés de réaliser leurs fortunes, et d'abandonner une ingrate patrie qui leur aurait refusé la protection de ses lois et des juges.

Mais quant à la déportation au Sénégal, elle est d'une illégalité et d'une injustice manifestes. V. Exc. doit s'empresser de rappeler ceux qui sont partis, et bannir du cœur de ceux qui sont restés, la crainte d'une semblable mesure.

Si le climat du Sénégal n'est pas meurtrier pour ceux qui vont y chercher fortune, il l'est pour ceux qui y sont conduits comme des criminels avec le sentiment de l'injustice qui leur est faite.

Dans notre longue révolution, des mesures semblables ont été prises; des Français ont été déportés à Synamary, à Cayenne et ailleurs; combien en sont revenus? et qui n'a pas regardé ces déportations comme la plus affreuse des peines?

Le défenseur des hommes de couleur a répudié comme eux-mêmes l'héritage de la révolution; il n'a invoqué que les anciennes ordonnances, que les garanties accordées par Louis XIII, Louis XIV et Louis XVI, et confirmées par notre auguste monarque : est-ce là provoquer à l'incendie des colonies ?

Quant à ceux auxquels S. M. a départi la noble mission de faire parler sa justice, quels ne seraient pas leurs regrets, d'avoir laissé échapper cette occasion de réparer la plus criante injustice? Les passions politiques sont étrangères à cette cause! il ne s'agit que d'humanité et de justice.

Quelle gloire attend le ministre qui, sans se laisser séduire par les clameurs de l'esprit colonial, saurait proclamer la vérité, et venger l'innocence outragée? On ne trouve qu'une fois dans sa vie l'occasion de s'immortaliser.

MÉMOIRE

A M. LE COMTE DE CHABROL,

NOUVEAU MINISTRE DE LA MARINE.

Paris, 14 août 1824.

UN noble pair (M. le vicomte Lainé), en soutenant, dans la séance du 3 août, avec son éloquence accoutumée, les projets de colonisation tentés dans la Guiane, n'a pu se défendre d'un mouvement de sensibilité.

« Ce fut, dit-il, une terre coupable, quand elle
» servit à ces déportations dont le souvenir déchire
» le cœur. »

A votre Excellence est réservé l'honneur de sauver un jour à la France cette flétrissante qualification, qu'elle aura méritée à plus juste titre si, ayant le pouvoir de réparer une injustice et d'arrêter l'exécution d'une mesure illégale, elle continuait à garder le silence.

Au mois d'avril dernier, quarante-un hommes de couleur, reste de quarante-trois choisis parmi les négocians, propriétaires et artisans de la Martinique, qui ont donné des preuves multipliées de leur fidélité au Roi, de leur attachement à la métropole et de leur zèle pour le repos de la colonie, ont été amenés dans le port de Brest, arrachés qu'ils étaient à leurs affaires, à leurs foyers et à leurs familles, sans qu'on leur ait encore (chose inouïe dans les annales judiciaires des peuples civilisés) donné copie, ni même lecture de la décision qui prononce contre eux une si terrible peine.

Ils étaient soupçonnés et non pas convaincus de conspiration. — Pour confondre leurs calomniateurs, ils attendaient leur débarquement, et demandèrent ou la liberté ou leur mise en jugement.

Aucune réponse ne leur fut faite. — Les suppliques les plus pressantes et les plus respectueuses furent adressées au prédécesseur de Votre Excellence. Il garda le silence.

Craignant, par la publicité donnée à leurs plaintes, de fournir un aliment à la malignité, et de fournir des armes pour attaquer le ministère, ils s'abstinrent d'user du droit qui leur appartenait de faire connaître à la France, au monde entier, leurs justes griefs. — On disait dans les bureaux qu'un sursis était accordé. — On leur faisait espérer la solution la plus favorable. Déjà ils regardaient leurs fers comme brisés, et l'espérance renaissait dans leurs cœurs.

Tout-à-coup leur défenseur apprend que trente-cinq de ces infortunés colons, conduits de Brest à Rochefort, sont embarqués pour le Sénégal. — Il ne pouvait croire à une pareille résolution, qui détruisait toutes les espérances qui leur avaient été données et qui blessait toutes les règles de la justice, puisque la décision n'a aucune existence publique et qu'aucune réponse n'avait été faite aux réclamations.

Le défenseur se hâta d'implorer un ordre de sursis par voie télégraphique. En même temps il adressait au Roi, en son conseil des ministres, un mémoire justificatif, qui prouve que non-seulement les infortunés qui réclament la justice suprême du monarque n'ont pas conspiré, mais encore qu'ils sont les victimes des menées séditieuses de quelques esprits ardens et brouillons de la colonie.

On peut ici hautement l'avancer, parce que MM. Billecocq et Chauveau-Lagarde ont hautement exprimé leur conviction désintéressée à cet égard ; ce mémoire a convaincu la France et le monde entier de l'innocence des supplians.

Son Excellence elle-même parut ébranlée. — Le 2 juillet elle fit adresser à leur défenseur une lettre datée du 30 juin, portant qu'elle allait se faire rendre compte, *sur-le-champ*, de l'objet de leurs réclamations.

Cette lettre contenait la promesse implicite de faire connaître la réponse; car il est inutile d'examiner, si l'on veut se taire sur le résultat de l'examen. — Ce silence est un aveu que l'on n'a rien trouvé à opposer aux raisonnemens du mémoire.

Mais Son Excellence, le marquis de Clermont-Tonnerre, s'est crue apparemment dégagée de cette obligation sacrée de répondre au malheur, par les applaudissemens qu'elle obtint à la tribune de la Chambre des députés, le 17 juillet, en défendant une allocation de son budget.

Nous avons démontré, dans le mémoire du 23 juillet, combien Son Exc. avait été trompée sur les faits.

Néanmoins, elle a continué de garder le silence, jusqu'au moment de sa retraite, malgré la décision de la chambre des pairs, qui, dans sa séance du 30 juillet, n'est passée à l'ordre du jour sur la pétition des déportés, que parce que le gouvernement devait statuer sur la question.

Un pareil silence est si contraire aux habitudes du gouvernement royal, et aux règles d'un gouvernement légitime, qui se dirige toujours d'après les lois et les convenances, qu'on est obligé d'en chercher les raisons.

Le prédécesseur de Votre Excellence aura, sans doute, été conduit à penser que la décision ou les décisions relatives aux déportés de la Martinique, étaient irréformables, parce qu'elles seraient des *jugemens*.

On dit que c'est pour se conformer strictement à ces décisions, que quatre d'entre ces déportés ont une résidence forcée assignée en France, et que trente-sept autres doivent être envoyés au Sénégal.

Mais puisque les décisions dont il s'agit n'émanent d'aucune autorité judiciaire, puisqu'elles n'ont été accompagnées d'aucune forme de justice, puisqu'il n'y a eu aucun débat contradictoire, aucune défense, il est évident que ces décisions n'ont pas l'autorité de la chose jugée.

Ce sont des actes administratifs, sujets à réformation de la part de l'autorité supérieure ; ils contiennent d'ailleurs, nous le savons, la réserve expresse de cette approbation.

Donc, du moment que ces décisions ont été adressées au ministère par le général Donzelot, il y a eu nécessité d'examiner et de soumettre au Roi les mesures que la justice et les lois de la métropole commandaient.

Or, ce que la justice veut, c'est que les innocens soient déclarés tels.

Ce que les lois de la métropole exigent, c'est qu'on ne retienne pas en prison, sur la terre de France, des hommes qui ne sont frappés d'aucun jugement, qui ne sont pas même suspendus de leurs droits civils.

La politique aussi recommande de ne pas porter le désespoir, par un cruel déni de justice, dans une population nombreuse, industrieuse et fidèle, dans un moment où tous les intérêts de l'Etat se portent vers les colonies, et où les négociations entamées avec Saint-Domingue, quelle qu'en soit l'issue, sont déjà contrariées par ce qui s'est passé à la Martinique.

Dans le cas même où par suite de rupture on préparerait une guerre contre Saint-Domingue, on aura besoin de cette population fidèle, qui a fait toutes sortes de sacrifices dans les jours de danger.

Si dans les colonies le gouvernement est en possession du droit barbare et illégitime de bannir sans jugement, il est évident du moins que ce pouvoir extra-judiciaire ne peut pas s'étendre au-delà des limites de l'île, etc.

Les exposans supplient donc Votre Excellence, en conséquence de la décision du 30 juin 1824, de se faire rendre un compte spécial de cette affaire, etc.

CONSULTATION DU BARREAU DE BOURGES.

LE CONSEIL SOUSSIGNÉ, qui a lu un Mémoire à consulter, expositif des principaux faits suivans :

Quarante-trois propriétaires et négocians ou artisans de la Martinique ont été enlevés par ordre du gouverneur Donzelot, et conduits en France.

Cet ordre n'a point été notifié aux déportés : deux sont morts dans la traversée.

Quarante-un sont arrivés dans la rade de Brest, où ils ont débarqué un instant. Ils y ont donné mandat, par écrit, de réclamer la protection des lois contre cette déportation.

Quatre sont résidens à Brest ; ils ont déposé au greffe du tribunal une protestation du 21 mai 1824, et ont demandé des passe-ports pour Paris.

Le 3 juin, le sous-préfet de Brest leur a répondu, par écrit, qu'ils étaient retenus sous la surveillance de la haute police en vertu des ordres du ministre de la marine.

Les trente-sept autres ont été conduits à Rochefort, en rade de l'île d'Aix ; là ils ont réclamé, par l'organe d'un avocat, leur mise en liberté. Le commandant de la marine à Rochefort a répondu, le 15 juin, qu'il ne pouvait accéder à la demande de l'avocat, attendu que les déportés étaient détenus en vertu d'une dépêche du ministre de la marine.

Le 25 juin, trente-cinq ont été embarqués, malgré leurs protestations, à bord du navire le *Chameau*, pour être déportés au Sénégal ; deux sont restés comme détenus à l'hôpital de Rochefort.

Le 12 juillet, M. le procureur du roi leur a donné acte de leur plainte sur leur illégale détention.

Le 23 juillet, les déportés résidant à Brest et à Rochefort ont déclaré se pourvoir en cassation contre les jugemens et décisions en vertu desquels ils sont privés de leur liberté.

On prétend que la déportation, sans jugement, est autorisée, à la Martinique, par un réglement du 10 septembre 1817, ayant force de loi, et l'on ajoute que les décisions, à l'égard de ces déportés, ont l'autorité de la chose jugée, et sont de véritables condamnations que le ministère français doit faire exécuter.

On observe que ces décisions sont encore inconnues aujourd'hui aux consultans ; que, si des témoins ont été interrogés, aucun des déportés n'a connaissance de ce fait, et qu'eux-mêmes n'ont subi aucun interrogatoire juridique.

On propose à résoudre les questions suivantes :

1°. Si le réglement de 1817, en le supposant publié dans la forme légale avait l'autorité d'une loi coloniale, selon l'art. 73 de la Charte ; et si, par conséquent, le gouverneur a pu, en vertu de ce réglement, enlever les déportés à leurs jugés naturels ?

2°. Si, du moins, la déportation n'a pas cessé de produire son effet, hors des limites de la juridiction de l'île ; si elle n'était pas provisoire de fait et de droit ?

3°. Si les déportés n'ont pas suffisamment touché le sol français, et n'ont pas été autorisés à réclamer leur mise en liberté ?

4°. Si le ministre de la marine a été dispensé de faire droit à leur réclamation, et s'il a reçu de la loi le pouvoir de confirmer et donner force d'exécution à une mesure extra-judiciaire ?

5°. Si l'on peut donner aux consultans la qualité de condamnés, et s'ils ont perdu, par l'effet des décisions du gouverneur de la Martinique, aucun droit civil ?

Est d'avis des résolutions suivantes.

Sur la Ire question.

Si le réglement de 1817 a force de loi et donnait pouvoir de déporter ?

Ce réglement porte l'intitulé suivant :

« Au nom du roi, le maréchal de France, minis-
» tre secrétaire d'État au département de la marine
» et des colonies, a *arrété* et *arrête* ce qui suit. »

Ce n'est pas une ordonnance : celle-ci est supposée émanée directement de la puissance royale : le ministre au département duquel elle appartient la contresigne pour attester la volonté directe du prince.

Ici c'est le ministre qui agit seul, qui exprime sa volonté ministérielle non connue du prince, non délibérée dans son conseil : c'est un simple acte d'administration.

Si les ordonnances elles-mêmes doivent être faites pour l'exécution des lois ; à plus forte raison les simples actes d'administration doivent-ils y être conformes ? (Art. 14 de la Charte.)

Si donc le pouvoir de déportation ne se trouve pas dans une loi antérieure, cet acte purement ministériel n'en peut avoir posé le principe ; ce n'est pas par des instructions, par des décisions, par des lettres d'administration, que l'on peut créer sur les personnes libres une dictature que le droit public refuse à la législature elle-même, dans les gouvernemens libres.

Ainsi, en s'arrêtant à la forme de l'acte, à l'autorité essentiellement inférieure à la loi dont cet acte émane, à la nécessité de l'intervention de la puissance législative pour lui imprimer le caractère de loi, le réglement du 10 septembre 1817 n'est évidemment pas une loi, ni une ordonnance pour l'exécution des lois.

C'est un acte purement ministériel obligatoire, en tout ce qu'il renferme de conforme aux lois, parce

que le ministre est préposé à l'exécution des lois ;
mais sans efficacité , non pas seulement en ce qu'il
renfermerait de contraire aux lois, mais encore en
tout ce qu'il prescrirait de dérogatoire au droit naturel et au droit commun.

Le texte de ce réglement administratif, après avoir
déterminé les délégations de puissance exécutive à di-
vers fonctionnaires des colonies et la forme de leurs
délibérations et arrêtés, dit, article 8 : Aucun indi-
» vidu NE POURRA être *extraordinairement banni ou*
» *déporté* de la colonie ; aucun agent du gouverne-
» ment poursuivi pour délit commis dans l'exercice de
» ses fonctions, sans qu'il en ait été délibéré , et en
» conseil spécial, où siégeront, avec le gouverneur et
» administrateur pour le roi qui le présidera, le com-
» mandant militaire, le procureur général et l'ordon-
» nateur. »

On ne peut pas traduire ces mots : « Aucun individu
» *ne pourra* être extraordinairement banni ou déporté
» de la colonie sans qu'il en ait été délibéré en con-
» seil spécial. »

Par ceux-ci :

« Tout individu pourra être extraordinairement
» banni ou déporté après qu'il en aura été délibéré
» en conseil spécial. »

Le premier texte suppose seulement le pouvoir de
déportation déjà préexistant.

Le second texte créerait lui-même un tel pouvoir.

La supposition de l'existence de ce pouvoir, si elle
est démentie par le fait , ne devient pas une vérité légale, par cela seul qu'elle est inscrite dans un acte purement ministériel.

La création de ce pouvoir extra-légal ne peut naître
non plus d'un acte purement ministériel , et par conséquent essentiellement subordonné aux lois.

La déportation est une peine. (Art. 6 du C. P.)

Elle ne peut jamais être, comme l'arrestation , un
moyen de mettre le prévenu sous la main de la jus-

tice ; elle le soustrait au contraire à ses juges naturels, quand elle est prononcée sans jugement.

Elle ne peut être non plus une mesure préventive , puisqu'elle produit des effets irréparables pour celui qui est obligé de souffrir la douleur physique d'une violente translation dans des climats souvent mortels , le chagrin d'une séparation brusque d'avec sa famille et tous les objets de son affection, la rupture subite et ruineuse de toutes ses relations intéressées, l'anxiété cruelle inhérente à une situation dont la durée est indéfinie.

C'est au pouvoir judiciaire qu'il appartient exclusivement de prononcer des peines ; le pouvoir administratif ne peut pas plus, de sa nature, prononcer la déportation que la marque, le carcan, la détention , les fers. Un État où les citoyens seraient exposés , tout à la fois, à des peines prononcées par jugement des tribunaux, et à des peines identiques prononcées par décision administrative , n'aurait en réalité ni pouvoir judiciaire ni pouvoir administratif ; cette double juridiction pénale, établie sur deux lignes parallèles , ne constituerait que l'anarchie et ne produirait que la tyrannie.

Toute application de peine attribuée au pouvoir judiciaire, est par cela même déniée au pouvoir administratif indépendamment du principe qui refuse à celui-ci toute capacité pour juger.

Or , en compulsant la volumineuse législation coloniale, composée de tant d'édits, d'ordonnances, d'arrêts du conseil, d'arrêtés et réglemens coloniaux, on trouve :

1°. L'arrêt du conseil d'État du 21 mai 1762 , contenant réglement entre les officiers de justice et les gouverneurs, portant défense a ceux-ci d'entreprendre sur les fonctions des juges.

C'est bien assurément entreprendre sur les fonctions des juges, que d'appliquer une peine de leur compétence. L'absence de toute instruction légale de la part du pouvoir administratif n'excuse pas l'usurpation de juridiction, elle l'aggrave au contraire, puisqu'elle fait le mal avec moins de précautions.

2°. L'ordonnance du 24 avril 1679 qui défend aux gouverneurs de mettre en prison et de condamner à l'amende les habitans de la colonie.

Assurément encore, la répression de l'abus des arrestations arbitraires renferme bien virtuellement la défense de prononcer des déportations, plus oppressives, plus cruelles, sans contredit, que l'arrestation et l'amende.

3°. L'arrêt de réglement du 24 mars 1763 sur l'administration coloniale de la Martinique qui, après avoir établi la séparation du gouvernement militaire et civil confié à un gouverneur, d'avec la justice confiée à un conseil supérieur, dit, article 24 : « Que » les gouverneurs pourront arrêter les malfaiteurs *ou* » *autres qui troubleront l'ordre public* et *les faire* » *punir*, sauf, si le cas *requiert* que procès leur soit » fait, à les remettre ès-mains de la justice ordinaire. »

Faire arrêter les malfaiteurs *ou autres* qui *troubleront l'ordre public* et *les faire punir;* voilà l'attribution de police administrative. Elle a deux élémens : *Faire arrêter*, mais non pas prononcer un emprisonnement qui ne se confond pas avec la simple mesure provisoire d'arrestation ; *faire punir*, mais non pas prononcer eux-mêmes des applications de lois pénales et afflictives, sans quoi l'obligation *de les remettre à la justice ordinaire* ne signifierait plus rien, et la distinction des deux pouvoirs administratif et judiciaire établie par ce réglement disparaîtrait entièrement ; *les faire punir* s'entend ou de l'application des peines de simple police administrative pour de simples contraventions, ou de l'emploi du pouvoir judiciaire dans tous ses degrés, dont le gouverneur a le droit d'exciter la juridiction répressive contre les perturbateurs quelconques de l'ordre public qu'il lui dénonce, après les avoir préliminairement fait arrêter.

Dans aucun cas, on ne peut trouver dans ce texte le droit administratif de déporter, puisque la déportation est précisément une peine du haut criminel, qui, si elle était méritée, aux yeux du gouverneur, l'obligerait à remettre le prévenu ès-mains de la justice ordinaire pour lui faire son procès.

4°. L'ordonnance de Louis XVI, du 22 mai 1775, qui défend encore, en statuant sur le gouvernement civil, aux gouverneurs, d'entreprendre sur les fonctions des officiers de justice.

Cette ordonnance, conforme sur ce point à celle du 21 mai 1762, prouve seulement qu'il y avait une propension d'usage dans les gouverneurs des colonies à empiéter sur le pouvoir judiciaire.

Si l'ancien ordre de choses ne renferme aucune attribution administrative du pouvoir de déportation, le régime constitutionnel n'est assurément pas propre à le créer.

L'art. 73 de la Charte, en disant que les « colonies » *seront* régies par des lois et réglemens particuliers, » ne leur promet certainement pas le pouvoir arbitraire de déporter sans jugemens les habitans des colonies. Il leur fait espérer au contraire une prompte assimilation des lois coloniales à celles de la métropole, avec les seules différences indispensables aux localités. Ainsi l'abolition de l'esclavage qui exige, dans l'intérêt même des esclaves, des mesures transitoires pour les conduire à la liberté sans danger pour eux et pour la colonie, peut résister à l'idée d'une subite assimilation de la législation coloniale. Ainsi la distinction établie, par le fait, entre les deux castes d'hommes libres, présente peut-être de sérieuses difficultés dans l'égalité politique et dans le nivellement de ces deux classes : mais le titre d'hommes libres qui leur est commun, s'il admet des distinctions dans les droits politiques, ne peut reconnaître le pouvoir administratif de la déportation arbitraire qui anéantit ce titre.

Liberté et pouvoir arbitraire de déportation sont deux choses absolument incompatibles. Comment concevoir la faculté d'agir librement, quand toute action peut exposer à la déportation, parce qu'il n'en est pas qui soit exempte du soupçon. Quelle idée possible se faire de deux classes d'hommes libres dont aucune n'a la certitude que la propriété de sa personne sera respectée? Quelle prétention peut soutenir, quels droits peut invoquer, quelle autre propriété peut disputer avec sécurité celui qui n'a pas la première de toutes les sûretés, celle de sa personne? Il n'y a point de propriétés là ou existe un homme revêtu du pouvoir d'en ôter la jouissance à son gré et à chaque instant.

Il n'y a point de lois, point d'organes des lois, là où existe un homme qui impose silence aux lois et à ses organes. Si l'on réside sur le territoire, c'est qu'il le veut bien; si l'on y respire, c'est qu'il y consent; si l'on possède, c'est qu'il n'a pas encore dépossédé. « N'avoir pas la propriété de ses biens, dit M. de La » Chalotais (1), c'est être esclave; n'avoir pas la li- » berté de sa personne, c'est le plus grand esclavage » que les lois civiles connaissent. Ce degré de la dé- » gradation de l'humanité suppose le plus grand des- » potisme. »

On ne peut pas dire, sans blasphémer contre la Charte et son auguste auteur, qu'elle a effacé le titre d'hommes libres pour les deux castes des habitans des colonies. Il en faut conclure qu'elle aurait aboli le pouvoir arbitraire de déportation, s'il avait existé, comme incompatible avec la liberté qu'elle fonde ou qu'elle maintient.

L'ordonnance du 22 octobre 1819, digne émana-

____

(1) Sur les constitutions des Jésuites.

tion de l'art. 73 de la Charte, promet la continuation
des travaux pour la mise en activité des Codes français dans les colonies ; et par anticipation, elle oblige
les Cours royales remplaçant les conseils supérieurs
à motiver leurs arrêts. Cette ordonnance renferme
nécessairement un principe incompatible avec le
pouvoir de déporter administrativement sans jugement. Il ne peut y avoir de Codes de lois dans les
colonies, s'il y a un pouvoir arbitraire de déportation. Le principal objet des Codes est la jouissance
des droits civils. La déportation arbitraire qui enlève
cette jouissance ne peut co-exister avec des Codes
qui la protègent. Le législateur qui dirait à son
peuple : « Je vous promets des Codes pour protéger
» vos personnes et vos propriétés ; mais j'établirai
» des agens qui enlèveront vos personnes à leur gré,
» pour les déporter où il leur plaira, et aussi long-
» temps qu'ils le voudront, » ferait une promesse de
la plus amère dérision. Jamais les modifications
dont les Codes promis sont susceptibles à raison des
différences locales ne peuvent en détruire l'essence
qui est de respecter le droit naturel et le droit public,
qui garantissent la première de toutes les propriétés,
celle des personnes.

Assurément la Charte n'a pas inscrit les colonies
dans l'art. 73 pour les mettre entièrement hors du
droit public de France, dont elles sont une partie
intégrante d'après la loi du 1ᵉʳ mars 1790. L'ordonnance du 22 novembre 1819 n'a pas promis non plus
l'introduction des Codes français pour maintenir ou
constituer dans les colonies un pouvoir arbitraire
destructeur de la propriété des personnes, base es-
sentielle de ces Codes.

Ainsi se trouve résolue négativement la première
question de savoir si le règlement du 10 septembre
1817 a force de loi, et s'il donne le pouvoir de déporter sans jugement.

Ce règlement, émané du ministre seul, ne peut être

obligatoire que comme expression fidèle d'une loi antérieure.

Il n'a ni la forme ni l'efficacité d'une loi ou d'une ordonnance rendue pour l'exécution des lois.

Il n'existe aucune loi antérieure qui attribue au gouverneur colonial le pouvoir arbitraire de déportation.

Il existe au contraire des ordonnances et réglemens qui, en séparant l'administration militaire et civile d'avec la justice, refusent à l'une la juridiction pénale réservée exclusivement pour l'autre.

Il existe encore des ordonnances et réglemens qui prohibent les arrestations arbitraires de la part des gouverneurs, mesures cependant bien moins acerbes que la déportation, et d'autres qui, en permettant l'arrestation des perturbateurs de l'ordre public, dans les colonies, ordonnent de les remettre à la justice ordinaire, si le cas le requiert, c'est-à-dire s'ils ont encouru l'application d'une loi pénale par la juridiction criminelle.

Il en résulte que l'acte purement ministériel du 10 septembre 1817, a supposé, par erreur, qu'il y avait dans la législation antérieure, une attribution au gouverneur de la colonie, du pouvoir de déporter.

Si un tel pouvoir avait existé, son incompatibilité absolue avec l'ancien et le nouveau droit public consacré par la Charte l'aurait aboli.

Sur la IIe question.

Si la déportation a cessé hors du territoire colonial, et si elle n'était pas provisoire de fait et de droit.

L'affirmative résulte des raisons suivantes.

Mais cette solution n'est donnée que pour l'hypothèse contraire à la précédente résolution selon laquelle le pouvoir arbitraire de déportation ne peut pas exister légalement, et n'est aussi fondée non plus sur aucune loi.

Si, contre le vœu du plus auguste monument de notre ancien droit public, la loi salique, qui veut que les « Français soient juges les uns des autres (1); » contre tous les capitulaires (2) qui proscrivent les ordres arbitraires donnés sans procédures préalables, sans conviction de la culpabilité du prévenu, « en » sorte que l'accusé ne puisse nier le crime, et que » la loi ne soit pas violée par le poids de la puis- sance (3); » contre les déclarations de nos premiers rois, qui frappaient de nullité tous les actes de leur autorité contraires aux lois (4); contre tous les an- ciens fastes de la nation qui lui assurent le privilége de ne pouvoir être même emprisonné, ce qui est bien moins que d'être déporté, sous quelque prétexte que ce soit, à moins de crime notoire; contre le droit naturel auquel toutes les lois positives sont seules subordonnées; contre le droit public exprimé dans la Charte, il était possible de reconnaître une haute police ayant le pouvoir de déporter sans jugement, par mesure administrative, une telle dictature sur les personnes serait nécessairement limitée et réformable dans ses écarts.

La puissance de retrancher de la société coloniale l'individu soupçonné d'en troubler la paix publique ne doit produire que des actes essentiellement provi- soires. Ceux qu'elle atteint ne sont que soupçonnés;

---

(1) Pactum legis salicæ. Voyez Baluze.

(2) Voyez Baluze.

(3) Non nunquam gravedo potestatis depravare solet justi- tiam sanctionis. L. des Visigoths.

(4) Si quis auctoritatem nostram subreptice contra legem elicuerit fallendo principem, non valebit. V. cap. de Clotaire I en 560, Baluze, T. I, fol. 7, n° 5. Quidquid legibus decernitur omnibus contra impetrandi aliquid licentia derogatur, quæ si quolibet impetrata fuerit vel obtenta, à judicibus repudiata inanis habeatur et vacua. — Idem.

car sans jugement légal il n'y a jamais qu'un soupçon. C'est au jugement légal exclusivement qu'appartient la puissance de convertir le soupçon en conviction.

L'administration ne peut donc imprimer à la déportation tout au plus que le caractère de mesure préventive. Cependant si elle lui faisait produire un effet indéfini quant au lieu où elle déporterait ou quant à la durée de la déportation, elle commuerait la mesure préventive en châtiment. Le soupçon conquerrait là même efficacité que le jugement, et cela s'appelle tyrannie.

Or, déporter ailleurs que sur le territoire de la métropole, c'est précisément commettre un de ces actes de tyrannie qui convertissent la mesure de police en punition et le soupçon en jugement.

C'est sur le territoire de la métropole qu'existe l'autorité supérieure qui doit juger l'administration elle-même dans l'exercice de ce pouvoir arbitraire.

C'est là que la plainte doit avoir la puissance de l'atteindre. C'est là que le soupçon qui osa proscrire sans jugement doit se justifier lui-même, par la nécessité du salut de la colonie, d'avoir violé le droit naturel et la loi commune.

C'est là que la mesure provisoire doit être révoquée, si elle n'est pas indispensable, tempérée par tous les allégemens, si elle était nécessaire, limitée dans sa durée parce qu'elle est essentiellement temporaire.

C'est là que le colon, aussitôt qu'il a touché du pied le sol de la mère-patrie, doit, comme un nouvel Antée, retrouver toutes les forces de la liberté pour combattre et pour vaincre le despotisme colonial dans ses excès ou dans ses erreurs.

C'est là que doivent le suivre tous les documens nécessaires au bill d'indemnité dont l'administration a besoin pour avoir attenté à la liberté civile qu'il est de son devoir de protéger.

Le soupçon de la police la plus arbitraire ne peut

donc jamais que dénoncer et traduire devant le pouvoir supérieur de la métropole la personne de celui qu'elle retranche provisoirement de la société coloniale.

Il serait impossible de concilier avec les plus légères notions d'un gouvernement régulier le pouvoir de déporter définitivement, sans jugement, deux cent soixante personnes libres, tel que cela vient d'arriver à la Martinique.

Un tel pouvoir serait, par le fait, supérieur à la puissance royale dont il émane cependant. Il serait sans responsabilité au respect des victimes de ses actes arbitraires, car il les mettrait, par le choix du lieu de la déportation, dans l'impuissance réelle de réclamer, tandis que la royauté ne peut agir que par des fonctionnaires responsables. Il condamnerait sans formes judiciaires, tandis que le roi ne peut jamais juger, ni intervertir l'ordre des juridictions. Il opérerait par des déportations en masse sur la population coloniale, tandis que la royauté de la métropole ne peut jamais influer que par des jugemens individuels, par des punitions graduées selon la culpabilité, par des magistrats de son choix dans leur institution mais indépendans dans leur action. Le gouverneur de la colonie en serait le despote, et le roi de France n'en serait que le monarque constitutionnel.

Assurément l'acte ministériel du 10 septembre 1817, ne peut avoir créé ce pouvoir gigantesque. Si l'on peut en extraire une autorisation pour des mesures de police contraire à notre droit public, c'est indubitablement avec les conditions nécessaires,

1°. De soumettre au pouvoir supérieur de la métropole la confirmation ou la rétractation de la mesure.

2°. De mettre la victime d'une telle mesure arbitraire en état de faire personnellement accueillir ses plaintes contre l'exercice ou l'abus du pouvoir colonial.

Arrivé sur le territoire de la métropole, le déporté n'est plus qu'un citoyen essentiellement soumis exclusivement au droit commun. En touchant cette terre de liberté, dont l'ancienne vertu est d'affranchir l'esclave qui y met le pied, il conquiert la faculté de se replacer sous la protection du droit public et constitutionnel. L'arbitraire colonial n'est pas une sorte de statut personnel qui suit partout ses victimes et les frappe, jusque sur le sol français, d'incapacité dans la jouissance des droits civils.

Rien dans la législation n'autorise une telle pensée; et la raison la réprouve évidemment, parce que la raison est contre toutes les anomalies qui conspirent contre le droit naturel et la loi commune.

Sur la III⁰ question.

Si les déportés n'ont pas suffisamment touché le sol français, et n'ont pas été autorisés à réclamer leur mise en liberté.

Le fait d'avoir touché le sol français est établi clairement dans l'exposé préliminaire, où l'on dit que quatre déportés sont à Brest; trente-sept arrivés à Brest ont été conduits à Rochefort, et parmi eux, trente-cinq ont été ensuite embarqués à bord du navire le *Chameau*, pour le Sénégal.

On les suppose même tous en rade de Brest ou en rade de l'île d'Aix.

On suppose que la législation coloniale a un empire distinct de la législation de la métropole, et qu'il faille sortir de l'une pour conquérir les bienfaits de l'autre.

La loi française a nécessairement le gouvernement des personnes et des choses en rade d'Aix ou de Brest: ces rades sont une partie intégrante du royaume continental de France. Le droit maritime reconnaît la possession des rades, des ports, des îles, de toutes les parties de la mer y adjacentes, sur lesquelles s'étend la force habituelle de défense et de protection de la puissance continentale ; aucune autre puissance étrangère ne pourrait y faire paraître ses vaisseaux sans le consentement de la France, à moins de déclaration de guerre. La plupart des traités de paix et de commerce ont fixé à deux lieues des côtes la domination respective des souverains. Il y a plus ; depuis la loi du 4 germinal an II, titre 2, article 3, tout capitaine arrivé dans les quatre lieues de la côte est soumis à l'exhibition de son manifeste, à la visite, en un mot, à toute l'action de la loi continentale française. S'il ne peut être rien soustrait des choses à l'empire de la loi française, en cette position, assurément cette loi domine aussi sur les personnes françaises ou naturellement sujettes à la souveraineté française dans la même position.

Aucun crime, aucun délit, aucune contravention ne pourraient se commettre en rade de Brest ou de l'île d'Aix, sans être répressibles selon la loi française. Le gouverneur de la Martinique, quelque pouvoir arbitraire qu'on lui suppose, ne pouvait donner l'ordre de conduire un individu sur le territoire ou sous la juridiction de la loi française du continent ; puis de le reprendre, de le soustraire à l'empire de cette loi, pour le conduire au Sénégal, ou à Cayenne, ou à Synamary, ou dans tout autre lieu de déportation. L'ordre du gouverneur expirait avec sa puissance, là où commençait le règne supérieur, la souveraineté prédominante de la loi continentale.

En France, il n'y a de détention légale possible que celles autorisées par le droit public de France. Si le déporté réclamait sa liberté pour en jouir sur le sol continental, assurément il n'était pas de pire condition que le dernier des esclaves qui aurait conquis sa liberté par le fait seul d'être placé sous le bénéfice de la loi française. L'ordre arbitraire de déportation imprime bien le sceau d'une servitude sur la victime ;

mais il n'est pas plus indélébile que le caractère de la servitude native que la loi française efface pleinement aussitôt qu'elle étend son empire sur l'esclave, quelle que soit son origine : la déportation, sans jugement ne pouvant être une punition légale, n'avait aucun caractère permanent ; elle ne s'attachait pas à la personne, comme la peine légale : la police administrative avait atteint son but de préserver la colonie de l'influence perturbatrice dont elle avait soupçonné le déporté ; elle l'avait retranché de la colonie, mais elle ne pouvait le retrancher de la société politique à laquelle il appartenait, et par sa naissance sur un territoire dépendant de l'empire français (loi du 1er mars 1790), et par sa présence sur le territoire français et sous la juridiction de la loi française.

Sur la IV° question.

Si le ministre de la marine a pu se dispenser de faire droit à leur réclamation, et s'il a reçu de la loi le pouvoir de confirmer et de donner force d'exécution à la déportation extra-judiciaire ?

Le pouvoir du ministère de la marine est respectivement aux colonies, aux personnes et aux choses qui dépendent des colonies, le même que celui du gouverneur, quant à sa nature ; il lui est supérieur dans ses effets purement administratifs : le réglement du 16 septembre 1817 exige du gouverneur et du procureur-général l'envoi, au ministre de la marine, d'une double expédition du procès-verbal de la délibération du conseil spécial qui a arrêté la mesure de déportation : cela suppose le pouvoir supérieur de confirmation ou de rétractation qui d'ailleurs se trouve naturellement dans la hiérarchie administrative, puisque le ministre transmet au gouverneur les ordres du roi qui peut rétracter ou confirmer une mesure administrative.

Mais il ne faut pas. confondre les matières purement administratives avec le contentieux administratif : aussitôt qu'une mesure administrative offense la propriété des personnes ou des choses, aussitôt peut naître la plainte qui donne lieu au contentieux administratif. Le ministre qui a l'administration, n'a pas le contentieux administratif dans ses attributions : juge et directeur naturel des personnes qu'il emploie dans l'accomplissement des services publics, relativement aux fonctions qu'il leur confie, il n'est rien, il est sans autorité au respect des tiers qui prétendent être offensés par les actes administratifs de lui ou de ses agens, ou de tous fonctionnaires placés dans sa hiérarchie administrative.

Quand les déportés se sont plaints, soit de leur déportation comme d'un acte arbitraire, soit de leur embarquement forcé de Rochefort sur le *Chameau*, pour le Sénégal, le ministre aurait pu sans doute faire cesser cette violence, en prescrivant une conduite contraire à ses agens subordonnés; mais s'il ne le jugeait pas convenable, il était sans juridiction sur une pareille plainte; elle faisait naître un contentieux dévolu au conseil d'État, soit pour reconnaître la compétence du pouvoir judiciaire, soit pour annuler les actes arbitraires, soit pour rendre de suite les plaignans au bénéfice de la loi commune : mais dans aucun cas le ministre de la marine n'a pu, sur le territoire français, et contre les individus placés, par le seul fait de leur position, sous la protection de la loi commune, donner suite à l'acte du pouvoir arbitraire colonial. En cela, il commettait une double infraction :

1°. A la loi de sa propre compétence qui lui refuse le droit de statuer sur des plaintes qui intéressent la propriété des personnes et des choses;

2°. A la loi commune, ou au droit public des Français, qui ne reconnaît sur son territoire ou dan s les limites de sa juridiction aucunes déportations sans jugement.

Sur la Ve question.

Si l'on peut donner aux déportés la qualité de condamnés, et s'ils ont perdu par l'effet des décisions du gouverneur de la Martinique aucuns droits civils ?

A moins de prétendre fausser toutes les idées sur ce qui constitue un jugement en matière criminelle, il est impossible de trouver dans l'arrêté colonial de déportation l'ombre d'un jugement.

Tout jugement criminel exige,

1°. Une action commise et qualifiée crime, délit ou contravention par des lois claires et précises ;

2°. Une instruction pour en découvrir l'auteur ;

3°. Une défense libre et nécessaire de la part du prévenu ;

4°. Une déclaration de culpabilité par des juges légalement investis de cette fonction ;

5°. Une application de la loi pénale par les juges légaux à l'individu déclaré coupable.

Supprimez un de ces élémens, et il n'y aura pas de jugement.

Que sera-ce donc si tous ces élémens manquent à la fois ? Tel est cependant le cas qui fait naître la question proposée :

1°. Point d'action connue et qualifiée crime, délit ou contravention par la loi ;

2°. Aucune instruction dont l'élément essentiel est la confrontation des témoins avec les prévenus (1) ;

3°. Aucune défense libre de la part des déportés ;

4°. Aucune déclaration de culpabilité d'un fait incriminé par les lois ;

---

(1) Ordonnance de 1670 enregistrée le 3 novembre 1681 au conseil souverain de la Martinique.

5°. Aucune application de lois pénales.

L'arrêté de déportation ressemble si peu à un arrêt de justice, qu'il n'a même pas été lu ni notifié aux déportés ; ils savent qu'ils sont déportés. Voilà tout.

Le réglement administratif sur lequel paraît fondé l'arrêté de déportation résiste lui-même à l'idée d'un jugement prononcé.

Il n'attribue au gouverneur et à son conseil spécial aucune des fonctions de justice séparées de l'administration civile et militaire par les lois antérieures (1), séparation renouvelée par l'ordonnance royale du 22 novembre 1819 sur l'administration de la justice confiée aux Cours royales remplaçant les anciens conseils souverains.

Il qualifie de *délibération* (art. 8) et non de jugement l'arrêté de déportation.

Il permet au gouverneur président du conseil spécial de faire prévaloir son avis en cas d'opposition, et par conséquent de décider seul la déportation : ce qui est contre la nature des compagnies judiciaires délibérantes, où non-seulement l'avis de la majorité prévaut, mais où, en cas de partage en matière criminelle, l'avis le plus favorable à l'accusé l'emporte.

Il ne prescrit aucune instruction, aucune audition de témoins, aucune confrontation, aucun recollement, aucun interrogatoire, aucune défense ; l'absence de toutes formes ne permet pas de croire à la plus légère apparence d'un jugement de condamnation dans un tel acte.

Il ne spécifie aucun des cas où la déportation pourra être méritée. On ne sait ce qu'il faut faire ni ce qu'il faut éviter pour échapper à la déportation qui peut, à chaque instant, être délibérée par le conseil colonial et prononcée, contre son avis même, par le gouverneur tout seul.

---

(1) Voyez la première solution

Contraste insuffisant

NF Z 43-120-14

www.ingramcontent.com/pod-product-compliance
Lightning Source LLC
Chambersburg PA
CBHW051353050726

47595CB00006B/2528